결정했어!
장래희망

글 박부금
그림 이정화

머리말

여러분의
장래 희망은 무엇인가요?

"쌤, 저는 커서 뭐가 될지 못 정했어요."
"쌤, 장래 희망이랑 꿈은 뭐가 달라요?"

꿈과 장래 희망에 대해서 궁금해하는 친구들이 많아요. 어렵게 생각하거나 너무 큰 주제로 여겨 답하기 어려워하기도 하지요.

어린이에게는 진로를 결정하는 것보다 더 중요한 게 있어요. 바로 내가 무엇에 관심이 있고, 뭘 잘하는지를 알고, 원하는 모습으로 성장해 가기 위해 노력하는 거예요.

미래에 내가 뭘 하고 있을지 지금은 상상하기 어려울 수 있어요. 내가 좋아서 하는 활동이 진로로 연결될 수도 있고, 잘하는 활동이 진로와 연결되기도 해요. 장래 희망은 당장 결정되는 게 아니에요. 지금부터 천천히 나 자신을 알아 가고 다양한 경험을 하면서 찾게 될 거예요. 여러분의 꿈은 아직 자라는 중이거든요.

이제부터 장래 희망과 꿈에 대한 이야기를 해 보려고 해요. 책을 읽으며 여러분이 원하는 미래의 모습을 마음껏 그려 볼 수 있기를 바라요.

그럼, 지금부터 고민 해결사 꾸미쌤과 함께 여러분의 고민을 해결하러 출발해 볼까요?

차례

1 내가 좋아하는 것, 잘하는 것

이것저것 다 좋은데 어쩌지?	14
난 좋은데 왜 안 되지?	18
좋아하는 놀이는 다 달라	22
다 잘하면 어떡하지?	28
TV에 나오고 싶어	34
생각이 너무 많아	40
한 가지에 집중할래	46
진짜 내가 되고 싶은 것은?	52

2 계속 해 보는 거야

꿈이랑 직업이랑 뭐가 달라?	60
꿈은 계속 바뀌어	66
좋아하면 그걸로 됐어	70
내가 뭘 잘하는지 어떻게 알지?	74

경제력만 보면 안 돼?	80
장래 희망 말하는 건 어려워	86
정보를 모으자	92
자꾸자꾸 생각해 봐야 해	98

 3 내 꿈을 찾아서

친구들과 함께하는 게 좋아	106
생각을 넓히자	112
내가 자주 하는 놀이는?	118
공부가 쉬워	124
보이는 게 다가 아니야	130
손재주가 있다면?	136
혼자가 좋아	142
내 마음이 제일 중요해!	148
희망이 현실이 돼	154

등장인물

꾸미쌤

학생들의 진로 고민을 도와주는 친절한 선생님. 은은한 미소가 트레이드 마크이다.

나로

신중하지만 생각이 너무 많아 결정이 느린 편이다. 장래 희망을 빨리 찾고 싶어 한다.

윤서

방송하는 게 좋아서 크리에이터가 되고 싶어 한다. 꿈을 이루기 위해 일단 부딪혀 보는 편이다.

모아

하고 싶은 것이 너무 많아서 고민이다.
이것도 저것도 포기하지 못하고
다 해 보고 싶어 한다.

해니

공부에 재능이 있지만 책 읽고
글 쓰는 걸 훨씬 더 좋아한다.
장래 희망을 두고 엄마 아빠와
계속 갈등한다.

우르

태권 소년.
흥미가 생기면 일단 시도했다가
재미가 없으면 금방 포기하고 다른
재미있는 것을 찾는다.

원승

장난기가 많고 재미있어서 개그맨이 되라는
말을 자주 듣지만, 실제 꿈은 축구 선수이다.
하지만 축구에 재능이 없다는 게 함정!

프롤로그

한편

1
내가 좋아하는 것, 잘하는 것

이것저것 다 좋은데 어쩌지?

장래 희망이 많다는 건 관심이 많다는 거예요

내가 관심 있는 걸 떠올려 보면 무엇에 흥미를 느끼는지 알 수 있어요. 그것이 장래 희망으로 이어질 수도 있죠. 내가 관심 있는 것들을 써 보세요.

위에 쓴 것 중 여러 번 해도 질리지 않고 계속 하고 싶은 게 있나요? 그렇다면 그게 내가 하고 싶은 것일 수 있어요. 계속 하고 싶은 것이 무엇인지 이유와 함께 써 보세요.

예 줄넘기: 하면 할수록 뛸 수 있는 개수가 늘어나서 매일 하고 싶다.

충분히 경험해 보는 게 중요해요

갑자기 더 재미있어 보이는 게 눈에 들어올 때가 있죠? 발레를 배우는데 축구가 좋아 보이는 것처럼요. 이럴 때는 갑자기 확 바꾸지 말고 "잠깐만!"을 외쳐 보세요.

흥미를 쫓아 너무 빨리 바꿔 버리면 하나를 제대로 경험하기가 어려워요. 한 가지를 충분히 경험한 후 잠시 생각하는 시간을 가져 보세요.

난 좋은데 왜 안 되지?

좋아하는 것이 확실한 친구들이 있죠?

좋아하는 건 확실한데, 왜 좋은지는 모르는 친구들이 있어요. 원승이는 축구를 좋아하죠. 왜 축구를 좋아하게 됐을까요?

- 원승아, 축구가 왜 그렇게 좋아?
- 공을 쫓아 뛰어다니는 게 너무 재미있어요.
- 뛰는 게 좋다면, 축구 말고 달리기 시합은 어때?
- 뛰는 건 다 좋지만, 공을 가지고 노는 게 더 좋아요!

내가 좋아하는 건 무엇이고, 왜 좋아하게 되었는지 써 보세요.

좋아하는 것과 잘하는 건 달라요

좋아하는 것을 다 잘할 수는 없어요. 또, 잘하는 것을 좋아하지 않을 수도 있지요. 좋아하는 것과 잘하는 걸 연결 지어 생각해 보세요. 또 다른 길이 펼쳐질 수 있어요.

- 전 축구를 좋아하지만 잘 못해요.
- 축구는 잘 못해도 달리기는 잘할 수 있지?
- 공을 들고 달리는 건 자신 있어요!
- 그렇다면 축구보다 럭비를 해 보는 건 어때?

좋아하지만 잘하지 못하는 게 있나요? 잘하기 위해 어떤 노력들을 할 수 있을까요?

좋아하는 놀이는 다 달라

놀이를 통해 나에 대해 알 수 있어요

사람마다 좋아하는 놀이는 달라요. 좋아하는 놀이를 맘껏 해 보는 시간을 가져 보세요. 그리고 자려고 누웠을 때 떠오르는 놀이가 있다면 찬찬히 되새겨 보세요. 그게 장래 희망과 연결될 수도 있어요. 어떤 놀이가 떠오르나요?

예) 낮에 한 종이접기 놀이 진짜 재미있었어. 나는 솜씨가 좋은 것 같아.

좋아하는 놀이로 성격을 알 수 있어요

여러분은 어떤 놀이를 자주 하나요? 큐브 맞추기처럼 규칙적인 놀이를 좋아하기도 하고, 운동처럼 땀이 나야 신이 나는 친구도 있어요. 좋아하는 놀이는 성격과 관련이 있어요.

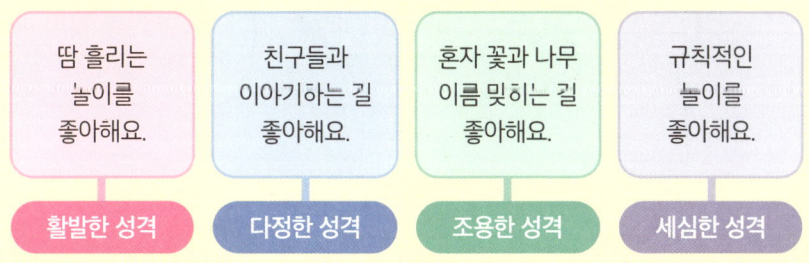

적당한 놀이 시간을 알아요

우리의 몸과 생각은 연결되어 있어요. 몸을 많이 움직이면 생각할 에너지가 부족해져요. 반대로 생각만 많이 하면 몸을 움직일 에너지가 부족해지죠. 나에게 맞는 놀이 시간을 알아 두는 게 좋아요.

잘하는 게 많은 것도 능력이에요

어떤 것을 해도 큰 어려움 없이 잘 해내고 있나요? 그렇다면 능력이 많은 사람인 거예요. 스스로의 능력을 칭찬하고, 그 능력을 잘 활용해 보세요.

능력이 많게 태어난 건 축복이야. 이 능력을 잘 활용해야겠어!

좋아하는 것이 먼저예요

잘하지만 좋아하지 않는 걸 억지로 하다 보면, 나중에는 쉽게 흥미를 잃어버릴 수 있어요. 그러니 좋아하는 것 중에서도 잘하는 걸 찾는 게 중요해요. 내가 좋아하면서 잘하는 것이 무엇인지 써 보세요.

조금 더 어려운 것에 도전해요

단순하고 쉬운 것만 하면 빨리 흥미를 잃어 버릴 수 있어요. 내가 무언가를 너무 쉽게 잘한다면, 단계를 높이거나 조금 더 어려운 것에 도전해 보세요. 도전을 통해 성취감을 맛보면 계속하고 싶어진답니다.

잘해도 노력이 필요해요

지금 잘한다고 해서 꾸준히 노력하지 않으면, 나중에는 그 능력이 사라질 수 있어요. 지금은 내가 가진 능력을 최대한 많이 갈고 닦는 것이 중요한 시기란 걸 꼭 기억하세요!

TV에 나오고 싶어

방송에 나오는 직업은 멋있어 보이죠?

TV에 나오는 사람들을 보면 멋있어 보여서 나도 방송에 나오고 싶다는 생각이 들 수도 있어요. 하지만 보이는 모습이 다가 아니란 걸 알아야 해요. TV 화면을 통해 보이는 모습은 극히 일부분이거든요. 우리가 보는 화면 뒤에는 엄청난 노력들이 존재한답니다.

오늘은 요즘 유행하는 먹거리에 대해 알아볼까요?

와! 멋지다.

원고 쓰는 게 이렇게 힘든 줄 몰랐어.

왜 방송에 나오고 싶은 걸까요?

TV에 나오는 직업이 갖고 싶은 이유를 생각해 보세요. 유명해지고 싶거나, 돈을 많이 벌고 싶을 수 있어요. 혹은 누군가 나를 알아봐 주고, 예쁘게 봐 주길 바라는 마음일 수도 있지요. 아래 항목에 체크하며 내 마음을 확인해 보세요.

- ☐ 유명해지면 스스로 자랑스러울 것 같다.
- ☐ 가족과 친구가 나를 자랑스럽게 느끼면 좋겠다.
- ☐ 유명해지면 기분이 좋을 것 같다.
- ☐ 내가 좋아하는 일을 하면 기분이 좋을 것 같다.
- ☐ 유명해지면 부자가 될 수 있을 것 같다.
- ☐ 일찍부터 경제 활동을 할 수 있다.
- ☐ 나의 예쁜/멋진 모습을 많은 사람들에게 보여 주고 싶다.
- ☐ 나의 모습을 친한 사람들에게 보여 주고 싶다.
- ☐ 많은 사람들이 나를 알아봐 줬으면 좋겠다.
- ☐ 가족과 친구가 내 매력을 알아봐 줬으면 좋겠다.

자, 나의 마음을 확인했나요? 그렇다면 내가 원하는 것을 실현하는 방법이 꼭 TV에 나와야 하는 건지 곰곰이 생각해 보세요.

생각이 너무 많아

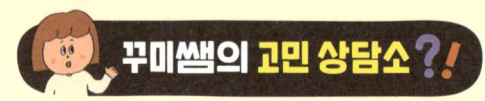

지금 결정하지 않아도 돼요

조급하게 꿈을 정하지 않아도 괜찮아요. 충분히 시간을 들여서 재미와 흥미를 느끼고, 좋아하고 잘하는 것을 찾는 것이 가장 중요하거든요.

좋아하면 자주 해 봐요

좋아하는 일이 있다면 자주 해 보세요. 어떤 건 금세 지루해지고, 어떤 건 더 하고 싶어질 거예요. 하면 할수록 점점 더 좋아지는 것들은 왜 그런지 생각해 보고 그 이유를 정리해 두면 좋아요.

이론도 배워야 해요

좋아하는 것에 대해 공부하다 보면 흥미가 줄고 지루해지기도 하지요. 하지만 좋아하는 걸 더 잘하려면 배움이 필요해요. 꼭 필요한 과정이니 지루함을 조금만 견뎌 봐요.

단순하게 생각해요

좋아하는 것에 대한 생각을 너무 많이 하면 오히려 점점 흥미를 잃을 수 있어요. 지금은 경험하는 데 집중하고, 단순하게 생각하는 게 도움이 된답니다.

한 가지에 집중할래

관심 가는 데 집중하는 건 좋아요

내가 관심 있는 분야에 집중하는 자세도 필요해요. 그렇지 않으면 정말 내가 하고 싶은 게 무엇인지 알기 힘들 수 있거든요. 지금 가장 관심 가고 집중하고 싶은 건 무엇인가요?

다른 것에도 관심을 가져 봐요

집중하는 것도 좋지만 한 분야에만 관심을 쏟다 보면 관심 영역이 좁아질 수 있어요. 여러분은 아직 자라는 중이기 때문에 다른 것에 관심을 갖는 자세도 필요해요.

관심 있는 것 중 뭘 할 때 편한가요?

　내가 뭘 할 때 편하고 불편한지를 알아야 해요. 내가 어떤 활동을 편하게 생각하는지 써 보세요.

편한 활동	불편한 활동
----------------------------	----------------------------
----------------------------	----------------------------
----------------------------	----------------------------

친구의 관심도 눈여겨보세요

　친구는 함께 시간을 보내는 소중한 존재예요. 그러니 내 친구들이 어디에 관심 있는지 알아 두는 것도 필요해요.

넌 뭐에 관심 있어?

난 동물에 관심이 많아.

진짜 내가 되고 싶은 것은?

어른들의 말은 권유일 뿐이에요

때로는 어른들이 여러분의 관심과 흥미를 생각하지 않고 특정 직업을 추천할 수도 있어요.

하지만 그 권유를 꼭 따라야 하는 것은 아니에요. 강요가 아닌 나를 위한 조언이라고 생각하고, 너무 부담을 느끼지 않도록 해요.

내 의견을 분명하게 말해요

지금 하고 싶은 것이 분명한가요? 그렇다면 어른들에게 그 마음을 이야기해 보세요. 내가 하고 싶은 것을 분명하게 말하면 어른들도 내 말에 귀를 기울여 줄 거예요. 내 마음을 정리해서 써 보세요.

마음의 여유를 가져요

성장하기에도 바쁜 여러분이 지금 당장 진로를 결정할 필요는 없어요. 여유를 갖고 몸과 마음이 성장하는 데 집중해 보세요.

아래에 있는 몸과 마음의 성장표를 작성해 볼까요? 나의 현재 성장 단계를 생각해 보고 미래의 성장 모습을 그려 봐요.

몸의 성장표		마음의 성장표
나이	키(cm)	주요 특징
7세	115	친구와 장난감을 함께 가지고 놀 수 있다.
8세		
9세		
10세		
11세		
12세		
13세		

계속
해 보는 거야

꿈이랑 직업이랑 뭐가 달라?

꿈과 직업은 같지만 달라요

꿈과 직업은 같은 의미로 쓰일 때도 있지만 꿈이 의미하는 바가 훨씬 더 넓어요. 꿈은 막연하게 이루어졌으면 하는 것들도 포함하거든요. 실제로 이루어질 수 없는 것도 꿈이 될 수 있어요.

꿈은 여러 개여도 돼요

꿈이 반드시 하나만 있어야 하는 건 아니에요. 성장하면서 실현 가능한 것들을 고르면 돼요.

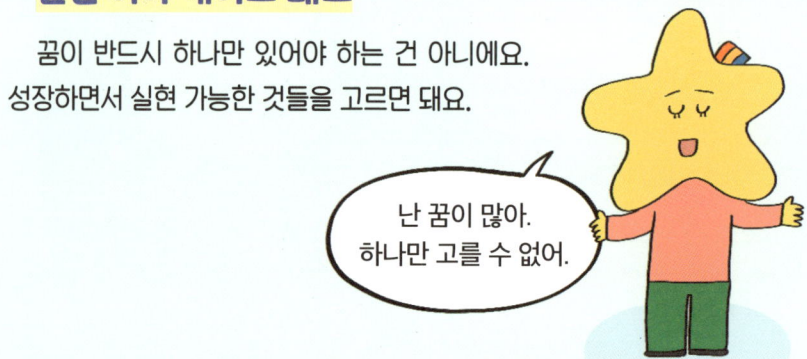

아직은 꿈과 직업을 구분하지 않아도 돼요

여러분은 아직 다양한 꿈을 꿀 나이예요. 그래서 초등학생 때는 꿈과 직업을 똑같이 써도 괜찮아요. 앞으로 성장하면서 진로를 정하고 직업을 정할 때가 되면 구분하게 될 거예요.

꿈을 이루는 것은 성공과는 달라요

노래를 잘 못해도 가수가 되고 싶고, 축구를 잘 못해도 축구 선수가 되고 싶을 수 있어요. 꿈을 이룬다는 게 꼭 그 분야에서 크게 성공해야 하는 건 아니에요. 내가 꿈꾸던 활동을 할 수 있다면 꿈은 이루어진 거예요.

꿈은 계속 바뀌어

꿈은 바뀔 수 있어요

어제는 슈퍼맨이 되고 싶고, 오늘은 과학자가 되고 싶을 수 있어요. 아직 어리기 때문에 꿈이 자주 바뀌는 건 당연해요. 앞으로도 꿈은 진로와 연결되면서 계속 바뀌게 될 거예요. 나의 꿈 변천사를 작성해 보세요.

나이	나의 꿈은?

슈퍼맨이 될 거야! 7살

전 과학자가 되어…. 11살

실현 가능성과 준비 정도에 따라 달라져요

꿈이 실제로 이루어지려면 중요한 두 가지가 있어요. 바로 실현 가능성과 준비 정도예요. 여러분의 꿈이 정말 이루어질 수 있는지 점검해 보세요.

내가 생각한 꿈 :

실현 가능성 :

준비 정도 :

지금은 탐색하는 과정이에요

내가 좋아하고 잘하는 것을 알아가는 과정을 '탐색'이라고 해요. 마음껏 자신에 대해 궁금해하고 여러 가지를 시도해 보세요. 해 보니 괜찮으면 계속하고, 나와 잘 안 맞으면 또 다른 걸 해 보면 돼요.

좋아하는 건 그냥 즐겨요

내가 좋아서 하는 활동을 너무 빨리 꿈과 진로로 연결 지으면 오히려 흥미를 잃을 수 있어요. 결국 진로와 연결되지 않더라도 즐거운 취미로 남을 수 있답니다. 그러니 내가 좋아하는 활동은 우선 재미있게 즐겨 봐요.

좋아하는 걸 모르겠다면?

내가 뭘 좋아하는지 잘 모르겠다고요? 그렇다면 주변 사람들의 이야기를 한번 들어 보세요. 부모님, 친구, 선생님 등 주변 사람들은 날 객관적으로 보기 때문에 내가 좋아하는 게 뭔지 알려 줄 수 있어요.

내가 좋아한다고 생각하는 것

주위에서 좋아한다고 말해 준 것

내가 뭘 잘하는지 어떻게 알지?

쉽게 이해되면 잘하는 거예요

쉽게 이해되고 수월하게 할 수 있으면 그 분야에 능력이 있고 잘한다는 증거예요. 그것이 곧 적성이 될 수 있지요. 어떤 활동이 쉬운지 써 보세요.

쉬운 활동

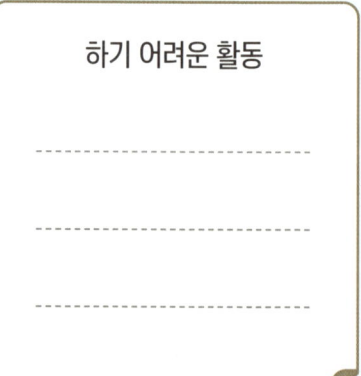

하기 어려운 활동

성취감을 통해서도 알 수 있어요

곰곰이 생각해 보면 아주 사소한 거라도 목표를 정하고 성공해 본 경험이 있을 거예요. 잠시 나의 성공 경험을 떠올려 볼까요?

나의 성공 경험은?

무언가를 성공했을 때 짜릿하고 기분이 좋았죠? 그게 바로 성취감이에요. 성취감은 대단한 것을 이뤄 내야만 느낄 수 있는 것이 아니에요. 과학 실험을 잘 해냈거나, 선생님 질문에 대답을 잘해도 느낄 수 있어요. 이렇게 성취감을 느꼈던 경험을 잘 정리해 두면 내가 뭘 잘하는지 알 수 있어요.

경제력만 보면 안 돼?

직업에도 가치관이 있어요

직업은 단순히 돈을 버는 일일까요? 페트병을 주워다 팔아도 돈을 벌 수 있지만 이런 일을 직업이라고 하지는 않지요. 직업에는 경제적인 보상 외에도 다양한 가치들이 있어요. 이를 '직업 가치관'이라고 해요.

직업 가치관은 우리가 직업을 선택할 때 영향을 미치는 개인적인 신념이나 기준이에요. 모든 사람이 다 같은 직업을 가지고 있지는 않잖아요. 그 이유는 각자가 가지고 있는 직업 가치관이 다르기 때문이에요.

나의 직업 가치관에 체크해 보세요

직업 가치관	가치 설명	관련 직업	표시
사회적 공헌	일을 통해 다른 사람이나 사회에 도움이 되는 것을 중시한다.	판사, 소방관, 성직자, 경찰관, 사회 복지사 등	
변화 지향	업무가 고정되어 있지 않고 변화 가능한 것을 중시한다.	연구원, 컨설턴트, 소프트웨어 개발자, 광고 및 홍보 전문가, 메이크업 아티스트 등	
성취	자신이 세운 목표를 이루고 달성해 나가는 것을 중시한다.	대학교수, 연구원, 프로 운동선수, 연구가, 관리자 등	

경제적 보상	일에 대한 정당한 대가로서의 돈을 중시한다.	프로 운동선수, 증권 및 투자 중개인, 공인 회계사, 금융 자산 운용가, 기업 고위 임원 등	
자기 개발	직업을 통해 지식, 기술, 능력 등을 발전시켜 성장해 나가는 것을 중시한다.	판사, 연구원, 디자이너, 소프트웨어 개발자, 경영 컨설턴트 등	
일과 삶의 균형	일뿐만 아니라 자신의 삶에서도 만족할 수 있도록 일과 삶의 적절한 균형을 중시한다.	레크리에이션 진행자, 교사, 대학교수, 화가, 조경 기술자 등	
사회적 인정	일과 관련하여 다른 사람에게 인정받는 것을 중시한다.	항공기 조종사, 판사, 교수, 프로 운동선수, 연주가 등	
자율성	자율적으로 업무를 해 나가는 것을 중시한다.	연구원, 자동차 영업원, 레크리에이션 진행자, 광고 전문가, 예술가 등	
직업 안정	직업에서 오랫동안 안정적으로 일할 수 있는지를 중시한다.	연주가, 미용사, 교사, 약사, 변호사, 기술자 등	

※ 출처 : 고용24 직업심리검사

장래 희망 말하는 건 어려워

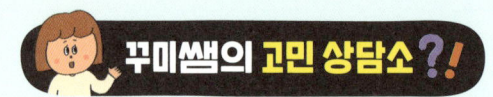

장래 희망이 뭔지 구체적으로 말하지 않아도 돼요

'장래 희망이 뭐니?'라는 질문을 부담스러워하는 친구들이 많죠? 여러분의 나이에 벌써 미래를 정한다는 건 어려운 일이에요. 또 지금 정한다고 해서 꼭 지켜야 하는 것도 아니에요. 그러니 꼭 구체적인 직업을 말할 필요는 없어요. 그냥 지금 내 마음이나 내가 되고 싶은 모습을 말해도 괜찮아요.

내가 되고 싶은 모습은?

예) 난 책 읽는 걸 좋아하니까 책과 관련된 일을 하고 싶어.

내 강점으로 장래 희망을 말해 봐요

누구나 성격 강점을 가지고 있어요. 자신의 성격 강점을 최대한 활용할 때 좋은 결과가 나오지요. 아래 성격들 중 자신의 강점이라고 생각하는 것에 동그라미를 해 보세요.

호기심	창의성	판단력	책임감	신중함	지능
배려심	목적성	지도력	자존감	세심함	끈기
자비심	진실성	억제력	자신감	다정함	용기
이타심	공정성	감상력	안정감	깔끔함	열정

나의 성격 강점을 활용한 장래 희망을 말해 보세요.

나의 강점은

　　　　　　　　　　　　　　　　　　입니다.

그래서 나의 장래 희망은

　　　　　　　　　　　　　　　　　　입니다.

정보를 모으자

정보를 찾아봐요

막연하게 머릿속에 그려 보는 것만으로는 그 직업에 대해 제대로 알 수 없어요. 적극적으로 정보를 찾아보세요. 그 과정에서 간접 경험을 할 수도 있고, 적성도 확인할 수 있어요. 또 어떤 준비가 필요한지도 알 수 있죠.

정보는 어떻게 찾을까요?

국가에서 운영하는 '주니어 커리어넷'을 활용해서 직업에 관한 정보를 찾아볼 수 있어요. 학교에 있는 위클래스나 청소년 상담 복지 센터를 찾아갈 수도 있지요. 이런 곳에는 진로와 관련된 다양한 활동이 준비되어 있답니다.

미리 체험해 봐요

되고 싶은 직업을 미리 체험해 볼 수 있는 방법을 소개할게요.

직업 체험 방법

1. **그 직업에 종사하는 분들의 인터뷰를 찾아봐요.**
   실제로 그 일을 하는 분들의 이야기를 들어 보면 궁금했던 부분을 확실히 알 수 있어요.

2. **한국잡월드, 키자니아 등 직업 체험 장소에 가요.**
   진짜처럼 세팅된 곳에서 직업 체험을 해 보면 그 직업에 대해 막연하게 생각하던 것과 현실의 차이를 알 수 있어요.

3. **친구들과 직업 놀이를 해요.**
   어렸을 때 소꿉놀이를 했던 것처럼 친구들과 역할을 정해서 직업 놀이를 해 보세요. 간접적으로 직업을 체험해 볼 수 있어요.

자꾸자꾸 생각해 봐야 해

계속 생각하다 보면 큰 방향이 정해져요

진로, 꿈, 장래 희망을 지금 정하는 건 사실 어려워요. 정한 대로 된다는 보장도 없지요. 하지만 이것저것 생각하다 보면 큰 방향이 정해질 수 있어요. 그럼 어느 순간 내가 정말 하고 싶은 게 무엇인지 보일 거예요.

나에 대해 이해하는 과정이에요

장래 희망에 대해서 계속 생각하다 보면 나를 점점 잘 알게 돼요. 내가 관심 있는 것과 잘하는 것이 무엇인지 자꾸 생각해 보게 되니까요. 장래 희망을 생각해 보는 건 나를 이해하는 과정이라고 생각하고 빈칸을 채워 보세요.

나는 어떤 것에 관심이 있을까?

나는 _____ 에 관심이 있다.

왜냐하면 _____ 때문이다.

내가 잘하는 것은 무엇일까?

나는 _____ 을(를) 잘한다.

내가 더 잘하고 싶은 것은 무엇일까?

나는 _____ 을(를) 더 잘하고 싶다.

그러기 위해 필요한 노력은 _____ 이다.

3 내 꿈을 찾아서

친구들과 함께하는 게 좋아

함께하는 걸 좋아하는 친구들이 있어요

자신이 아는 걸 알려 주거나 친구를 돕거나 친구의 활동을 따라하는 걸 좋아하는 친구들이 있어요. 이렇게 친구와 늘 함께하고 싶어 하는 친구들은 혼자일 때보다 함께일 때 더 힘을 내요. 언뜻 보면 자기의 주장을 잘 내세우지 않는 것처럼 보이지만, 사실은 누군가와 함께하는 것 그 자체를 좋아하는 거랍니다.

이런 친구들은 어떤 진로가 어울릴까요?

여럿이 함께하며 적극적으로 활동에 참여하는 걸 좋아하는 경우는 사회 복지사, 경찰관, 소방관 등의 직업이 어울릴 수 있어요. 반면 직접 활동하는 것보다 뒤에서 조용히 도움 주는 걸 좋아하면 판사, 심리 상담사, 공무원 등의 진로도 괜찮아요.

더 멋진 세상을 꿈꿔요

함께하는 것을 좋아하면 주위 사람들과 잘 지내고 싶어 하죠. 주위 사람들이 편하고 즐거우면 기분이 좋아지거든요. 그냥 좋아하는 것에서 더 나아가 함께하는 멋진 세상을 꿈꾸는 것도 중요해요. 어떻게 하면 세상을 더 따뜻하게 만들 수 있을지 꿈꿔 보세요. 지금은 마음껏 미래에 대해서 꿈꾸는 시기랍니다.

내가 생각하는 멋진 세상은?

난 모두가 즐거운 세상!

난 정의로운 세상!

난 사람과 동물이 사이좋은 세상!

생각을 넓히자

직업의 영역을 넓혀 봐요

한 가지만 좋아하는 친구들이 있어요. 오직 그것만 보이고 다른 건 보이지 않지요. 하지만 좋아하는 것을 아무리 해도 실력이 늘지 않는다면, 다른 쪽으로도 시야를 넓혀야 해요. 축구를 좋아한다고 해서 축구 선수만 꿈 꿀 필요는 없어요. 축구와 연관된 많은 직업들이 있거든요. 내가 좋아하는 것과 잘할 수 있는 것을 연관 지어 보세요.

다양한 진로를 찾아봐요

요리하는 걸 좋아하면 '요리사', 그림을 좋아하면 '화가'만 떠올리지 않나요? 사실 진로는 굉장히 다양하고 넓어요. 아래 마인드맵을 보며 생각의 넓이를 넓혀 보세요.

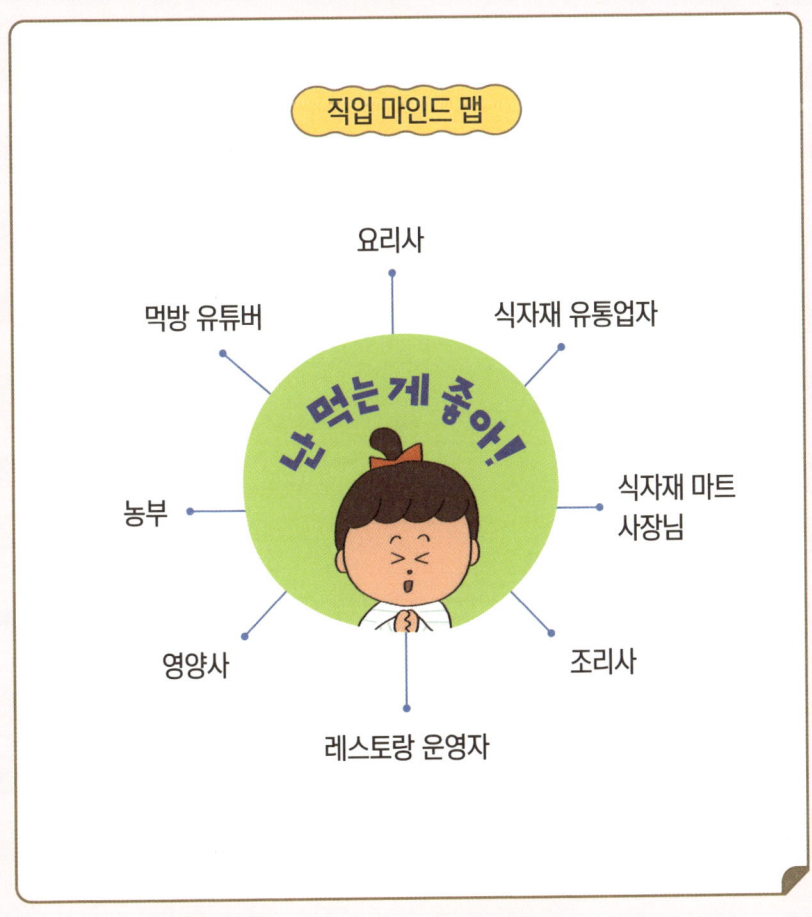

내가 자주 하는 놀이는?

자주 하는 놀이를 확인해요

우리는 좋아하는 놀이를 자주 하게 돼요. 그러면서 어떤 놀이를 잘하는지 알게 되지요. 아래의 놀이 중 난 어떤 놀이를 자주 하는지 이유와 함께 생각해 보세요.

놀이	놀이 종류
야외에서 하는 놀이	숨바꼭질, 술래잡기 등 몸을 움직이는 놀이
역할 놀이	의사, 소방관, 요리사 등으로 변신해서 다양한 이야기를 만들어 노는 놀이
미술 활동 놀이	그림 그리기, 색칠하기, 접기, 붙이기 등 여러 가지 창의적인 미술 활동 놀이
음악 활동 놀이	노래 부르기, 악기 연주하기, 춤추기 등 음악과 함께하는 다양한 놀이
스포츠, 게임 놀이	축구, 농구, 보드 게임 등의 놀이
자유로운 놀이	상상력을 펼쳐서 규칙 없이 자유롭게 노는 놀이
퍼즐 놀이	머리를 써서 조각을 맞추거나 문제를 풀어가는 놀이
여럿이 함께 하는 놀이	여러 명이 함께 참여하여 협력하거나 경쟁하는 놀이

자주 하는 놀이와 진로를 연결해요

특히 자주 하는 놀이가 있나요? 놀이를 통해 나의 성향과 흥미를 알 수 있어요. 이것이 적성과 연결될 수 있지요. 앞에서 생각한 놀이가 있죠? 내가 자주 하는 놀이를 통해 미래의 진로를 예측해 보세요.

과학자가 되고 싶어!

놀이	놀이 종류
야외에서 하는 놀이	체육 코치, 환경 보호가, 구급 대원, 동식물학자
역할 놀이	배우, 연기자
미술 활동 놀이	예술가, 디자이너
음악 활동 놀이	음악가(연주가, 가수 등)
스포츠, 게임 놀이	운동선수, 프로 게이머
자유로운 놀이	창의적인 직업(예술가, 작가, 창업가 등)
퍼즐 놀이	과학자, 연구자
여럿이 함께 하는 놀이	교육자, 상담사, 사회 복지사

공부가 쉬워

공부가 잘 맞을 수 있어요

보통은 좋아하는 과목을 더 잘하지만, 좋아하지 않는 과목도 잘하는 친구가 있어요. 바로 공부와 잘 맞는 친구들이에요. 내가 공부와 맞는지 아래 항목에 체크하며 확인해 보세요.

- ☐ 숙제가 어렵지 않아요.
- ☐ 시험에서 높은 성적을 받아요.
- ☐ 독서록을 잘 써요.
- ☐ 수업 시간에 선생님 말씀이 이해가 잘 돼요.
- ☐ 질문에 대답을 잘해요.
- ☐ 모둠별 활동에서 주도적으로 모둠을 이끌어요.
- ☐ 부모님이나 선생님의 학습 계획을 잘 따라요.
- ☐ 싫은 과목도 잘해요.

총 5개 이상이면 공부와 잘 맞는 거예요.

공부와 연관된 진로를 생각해 보세요

공부와 잘 맞는다면 배울 내용이 많고 오랫동안 교육을 받아야 하는 직업도 생각해 보세요. 예를 들면 의사, 변호사, 세무사, 교수, 심리 상담사 등이 있어요. 이러한 전문직은 어떤 장점을 가지고 있을까요?

전문직의 장점

① 특정 분야에 대해 전문 지식과 기술을 갖추고 있어요.
② 사람들로부터 신뢰를 얻고, 존경을 받을 수 있어요.
③ 자신의 능력을 발휘하고 의견을 말할 기회가 많아요.
④ 사회에 긍정적인 영향을 미치는 일을 해요.
⑤ 직업에 대한 신뢰성이 높아 취업할 때도 경제적으로도 안정적이에요.

보이는 게 다가 아니야

드러나지 않는 부분까지 생각해요

방송 출연자들을 보면 쉽게 방송하는 것 같아 보이죠? 사실 방송되는 화면은 일부분일 뿐이에요. 보이지 않는 부분까지 생각해 봐야 해요. 예를 들어, 아나운서의 하루를 한번 살펴볼까요?

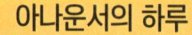

아나운서의 하루

- 출근하면 오늘의 일정을 확인해요. 뉴스와 당일 프로그램을 확인하고, 방송 대본을 검토해요.

- 실수를 하지 않기 위해 뉴스와 프로그램 대본을 여러 번 읽어 보고 연습해요.

- 텔레비전 또는 라디오 프로그램을 진행하거나 뉴스를 전달해요. 녹화를 하는 경우도 있고, 생방송을 하는 경우도 있어요.

- 프로그램 진행을 준비해요. 당일 진행할 프로그램이나 뉴스에 대한 변경 사항을 체크하고, 대본에 맞는 연출 계획도 세워요.

- 스튜디오 점검할 때 휴식을 취하고 다음 일정을 준비해요.

- 그날 방송이 마무리되면 일일 보고서를 작성하고, 향후 일정을 계획해요.

한 분야에 다양한 직업이 있어요

TV 프로그램을 만들기 위해서는 굉장히 많은 사람들이 필요해요. 적어도 수십 명 이상이 하나의 방송 프로그램을 위해 일하고 있답니다. 이처럼 한 분야에는 다양한 직업들이 있어요. 그러니 보이는 것에만 시선을 두지 말고 다양한 직업을 생각해 보세요.

방송과 관련된 직업

가수	스턴트맨	댄스 트레이너	특수 효과 기술자
연기자	기자	보컬 트레이너	무대 디자이너
개그맨	애니메이터	촬영 기사	연예인 매니저
아나운서	작가	조명 기사	캐스팅 디렉터
리포터	프로듀서	음향 기사	음반 기획자
성우	연출가	편집 기사	스타일리스트
모델	편집자	녹음 기사	메이크업 아티스트

우아! 방송 한 분야에 이렇게 다양한 직업이 있구나.

손재주가 있다면?

손재주가 있는지 생각해 봐요

기계를 잘 다루거나 요리를 잘하는 등 손재주가 있는 친구들이 있어요. 내가 손재주가 있다면 어느 정도로 재주가 있는지 잘 알아 두면 좋아요. 그쪽으로 진로를 정할 수도 있으니까요. 손재주가 있다면 적어 볼까요?

보다 넓게 생각해요

만들기에 손재주가 있다면 어떤 진로를 생각할 수 있을까요? 만들기를 잘 한다는 건 창의력이 있다는 거예요. 하나에만 몰입하지 말고 창의력과 관련된 여러 분야를 생각해 보세요.

창의력과 관련된 직업

① 공학 및 기술 분야 — 전자 공학, 기계 공학, 컴퓨터 공학, 소프트웨어 개발자, 웹 개발자

② 디자인 분야 — 그래픽 디자이너, UI/UX 디자이너, 제품 디자이너

③ 미디어 및 예술 분야 — 예술가, 일러스트레이터, 애니메이터, 영화 제작자, 비디오 편집자

④ 게임 개발 분야 — 게임 디자이너, 게임 프로그래머

⑤ 건축 및 건설 분야 — 건축가, 건설 엔지니어

⑥ 창업 및 자영업 — 제품 또는 서비스 창업

⑦ 과학 연구 분야 — 연구 과학자, 엔지니어

> 기계 다루는 데 손재주가 있다고 꼭 기계 만지는 직업만 하지 않아도 되는구나.

혼자가 좋아

 꾸미쌤의 고민 상담소?!

혼자 있는 걸 좋아할 수 있어요

다른 사람에게 관심이 별로 없고 뭐든 혼자 하는 걸 좋아하는 친구들이 있어요. 혼자 놀고 싶은 그 마음을 그대로 인정해 주세요. 내가 하고 싶은 대로 충분히 탐색하고 즐기세요. 여럿이 어울리는 것도 중요하지만, 자신에게 집중하는 시간을 가지는 것도 중요하답니다.

하지만 친구들과 함께하는 시간도 필요해요

혼자 있는 걸 좋아하면 친구들과 어울리는 게 어색할 수 있어요. 그래도 균형이 필요해요. 혼자서 충분히 활동을 했다면, 친구들과 함께하는 시간도 가져 보세요. 다음의 마음가짐이 도움이 될 거예요.

나는 혼자 있는 게 훨씬 마음이 편하고 좋아.

하지만 _____ 을(를)

할 때는 친구들과 함께하는 게 좋아.

왜냐하면 _____ 때문이야.

그러니 이 시간만큼은 친구들과 함께할래.

내 마음이 제일 중요해!

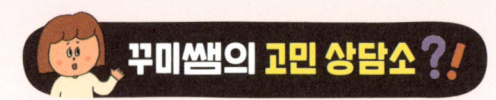

가족들이 원하는 진로가 있나요?

내가 어떤 직업을 가졌으면 좋겠는지 가족들이 강하게 권유하기도 하지요. 직업을 추천하는 이유는 다양해요. 경제력을 중요시하기도 하고, 사회에 끼치는 영향력을 가장 우선 순위에 두기도 해요.

나와 가족 사이에 의견이 다르다면 왜 그 직업을 추천하는지 그 이유를 확인해 보세요. 그리고 그 이유에 관한 자신의 의견을 말해요.

나의 흥미와 적성을 가족에게 알려요

내가 어디에 흥미가 있고, 어떤 분야가 적성에 맞는지 가족들에게 설명해요. 나의 흥미와 적성을 알 수 있는 방법을 몇 가지 알려 줄게요.

어떤 활동을 할 때 신이 나고 흥미가 생기나요?

학교에서 배우는 과목 중 재미있어하는 과목은 무엇인가요?

어떤 걸 할 때 잘했다고 칭찬을 많이 듣나요?

위의 내용을 참고해서 나의 흥미와 적성을 적어 보세요.

나의 흥미 :

나의 적성 :

희망이 현실이 돼

희망을 가져야 현실로 이루어져요

'장래 희망'이라는 말은 말 그대로 미래에 대한 희망이에요. 이루어질 수도 있고, 아닐 수도 있죠. 하지만 희망이 있을 때 현실로 이루어질 확률이 훨씬 높다고 해요.

여러분이 자신의 진로와 장래 희망을 궁금해하기를 바라요. 그래야 꿈이 생기고 그걸 이루어 가는 과정이 생기니까요. 그래서 여러분에게 꼭 해 주고 싶은 말은 이거예요.

장래 희망!
나의 흥미와 적성을 잘 알고
나의 현실로 만들자!

미래의 내 모습을 상상해 봐요

앞으로 어떤 사람이 되고 싶은지 생각해 보고, 미래의 내 모습을 상상하며 글로 쓰거나 그림으로 그려 보세요. 10년 뒤, 20년 뒤에 나는 어떤 사람이 되어 있을까요?

결정했어! 장래희망

2025년 3월 15일 1판 1쇄 발행

글 | 박부금 그림 | 이정화
펴낸이 | 나성훈 펴낸곳 | (주)예림당 등록 | 제2013-000041호
주소 | 서울특별시 성동구 아차산로 153 홈페이지 | www.yearim.kr
구매 문의 전화 | 마케팅 561-9007 팩스 | 562-9007
책 내용 문의 전화 | 3404-9228
ISBN 978-89-302-7168-4 74190
　　　978-89-302-7165-3 74190 (세트)

기획·편집 | 전윤경/심다혜 정유진 디자인 | 강임희
제작 | 신상덕/박경식 콘텐츠제휴 | 문하영
마케팅 | 임상호 전훈승

ⓒ 2025 박부금, 예림당

이 책은 저작권법에 따라 보호받는 저작물이므로 무단 전재와 무단 복제를 금합니다.
이 책의 표지 이미지나 내용 일부를 사용하려면 반드시 ㈜예림당의 서면 동의를 받아야 합니다.
낙장, 파본 등 결함이 있는 도서는 구입한 곳에서 교환받을 수 있습니다.

⚠주의 : 책을 던지거나 떨어뜨리면 다칠 우려가 있으니 주의하십시오.